L6 599.

A TROIS SOUS
LA POLICE,
CHANSON NOUVELLE

QUI PEUT DEVENIR LE PREMIER PAS VERS LE SALUT DE LA FRANCE.

L'heure est enfin venue où je prends mon essor.
Je l'ai cent fois prédit et le répète encore :
Que la publicité m'accorde enfin son aide,
Elle sera l'appui que cherchait Archimède
Pour pouvoir soulever * sur lui le monde entier,
Cette plume en mes mains en sera le levier.

* Eclairer, réunir, et certes non révolter.

PARIS,
AU BUREAU DU RÉGÉNÉRATEUR,
Palais-Royal, galerie d'Orléans, n. 17, et passage du Saumon, n. 27.

—

1831.

Ce 4 avril.

Introduction à la description des trois tableaux exposés en ce moment au bureau du Régénérateur, *galerie d'Orléans, au Palais-Royal.*

Je venais de terminer la chanson intitulée : *A trois sous la Chambre des députés*, lorsque la continuation des vexations que j'éprouvais de la part de l'arbitraire des agens de la police, me porta à en adresser une nouvelle plainte à M. le procureur du Roi, et à rendre publics, *dans trois nouveaux tableaux*, les nouveaux traits de frénésie dirigés contre moi. Je vais les faire transcrire successivement ici.

Lettre du marquis de Chabannes à M. le procureur du Roi.

Paris, ce 2 avril.

Monsieur,

J'ai l'honneur de vous informer que malgré les ordres que vous avez donnés, nombre de MM. les commissaires se sont refusés à donner leur visa, et que lorsque des colporteurs se présentaient chez eux la plupart ont cherché à les détourner de se charger de mes écrits, en leur disant qu'ils seraient arrêtés, et par ce langage fort répréhensible ils sont parvenus, en les épouvantant, à en écarter un grand nombre.

J'ai l'honneur de vous informer, en outre, que plusieurs arrestations arbitraires ont eu lieu, sans doute dans la vue d'épouvanter encore davantage les colporteurs, et que quoiqu'ils aient été relâchés, soit de suite, soit le lendemain, néanmoins les écrits saisis injustement ne leur ont point été restitués, et sont restés en possession, soit des commissaires ou du greffe de la police. En conséquence j'ai l'honneur de vous prier de donner l'ordre qu'ils me soient restitués, ainsi que les bonnets de carton sur lesquels les écrits dont ils étaient porteurs étaient indiqués, à moins que m'ayant inculpé pour lesdits écrits et bonnets, ils ne doivent rester sous le coup de la loi jusqu'à la prononciation des tribunaux : autrement ce serait une infraction à la loi, dont je sollicite le plus prompt redressement.

J'ai l'honneur d'être, etc.

Premier tableau relatif à l'administration des locations des boutiques du Palais-Royal.

Sur le carreau supérieur on lit en très gros caractères:

Sont-ils assez fous ? Lisez et prononcez.

Au-dessous est écrit :

Ce 1er avril.

« Vous avez lu ici toutes leurs manœuvres et la honte dont je les ai couvert dans les tribunaux.

Vous avez lu leurs méfaits affichés sur la porte de ce bureau à la place des carreaux enlevés.

J'ai rendu plainte au criminel contre les détenteurs ou voleurs desdites glaces, de la serrure et des affiches qui étaient apposées à ce bureau le 11 mars, jour où s'est renouvelée l'expédition *à la Mangin*; plainte qui s'instruit depuis huit jours.

Ils viennent de jeter le masque; et voulant m'expulser à quelque prix que ce soit, même à celui de se couvrir encore plus de honte, de ridicule et de mépris, ils ont fait signifier le 29 mars aux trois divers locataires au nom desquels le bail que je tiens, en quatrième ligne, a été successivement passé, d'avoir à me mettre dehors sous trois jours. Cette affaire viendra à la première chambre du tribunal de première instance, le 7 prochain, et sera curieuse, sans doute. Prévoyant d'avance le rejet de leur demande, ils m'ont donné congé le 31, *au nom du roi*, pour le 1er juillet.

A ce nom, dont ils abusent, je me borne à gémir de voir jusqu'à quel point ce monarque est mal servi et desservi; et ne voulant un instant paraître en opposition à son nom, même quand on en abuse, je consens à cette résiliation ; mais d'ici au premier juillet je n'en exposerai qu'avec plus de force encore les indignités et les bassesses de l'administration, faisant des vœux pour que le Roi en soit informé. En attendant, je n'en dirai pas moins au méprisable directeur de ces abominations ; sous l'égide des lois,

Dans ma cabane je suis roi,

Et le serai malgré l'enfer et toi. »

Le lendemain je fis exposer le second tableau suivant, relatif aux actes arbitraires de la police.

Deuxième tableau.

Sur le carreau supérieur on lit en très gros caractères : *La Police*, et trois fois le mot *lisez*.

Ce 2 Avril.

« Sommes-nous à Constantinople ? Sommes-nous à Pétersbourg ? Aux traits et faits suivans qui ne pourrait le croire ?

Il ne s'agit pas de savoir si mes écrits plaisent ou déplaisent au ministère, au préfet de police, ou à M. l'intendant des domaines de la maison d'Orléans ; mais si la Charte est une vérité, et si les agens du pouvoir peuvent opprimer un citoyen, le priver arbitrairement de l'usage de ses droits, violer impudemment les lois.

Je dénonce publiquement le plus grand nombre de MM. les commissaires de police, comme ayant refusé de remplir les formalités que la loi leur prescrit ; je dénonce le préfet de police comme n'ayant pas fait exécuter les injonctions qu'il en a reçu de M. le procureur du Roi, ou, s'il en a donné l'ordre, de ne pas le faire strictement exécuter. Je dénonce nombre de MM. les commissaires de police comme ayant cherché à épouvanter les colporteurs pour les détourner de répandre mes écrits ; je dénonce plusieurs d'entre eux pour les avoir fait arrêter, envoyer en prison, avoir saisi les écrits dont ils étaient porteurs, et, ces hommes ayant été remis en liberté, la restitution desdits écrits ne m'en avoir pas été faite, ou des poursuites commencées et dénoncées sur lesdits écrits. Je viens d'informer M. le procureur du Roi de ces faits ; la justice que j'ai obtenue auprès de ce magistrat m'assure de celle que je trouverai auprès de lui ; mais ses ordres seront-ils mieux exécutés à l'avenir qu'ils ne l'ont été par le passé ? Je me plais à l'espérer. En attendant, j'userai des droits que me donne la loi, en dénonçant ici les vexations que l'arbitraire des agens de la police me fait éprouver.

Je suis cité pour comparaître mercredi, 6 avril, à neuf heures précises du matin, à l'audience du tribunal de première instance du département de la

Seine, sixième chambre, et en vérité personne ne comprendra pourquoi. C'est là que je ferai retentir le temple des lois de faits et de traits dont frémiront les juges.

Les écrits qui paraissent causer autant d'épouvante, puisqu'on emploie un aussi exécrable arbitraire à en arrêter la circulation, se trouvent dans ce bureau. »

Au-dessous est encore écrit :

Conjuration des Journalistes.

« Est-il concevable que MM. les journalistes, à qui j'ai eu grand soin de faire successivement remettre tous les écrits que j'ai publiés, puissent porter l'oubli des devoirs de leur profession, jusqu'à laisser opprimer un citoyen qui réclama en vain d'eux, jusqu'à présent, un loyal appui, ou au moins la publicité des faits ? Quelle plus hideuse et plus crapuleuse conjuration !!! »

Avant de passer à la transcription du troisième tableau, je saisirai cette occasion d'informer le public qu'il n'est pas un de mes écrits que je n'aie, soit remis moi-même, soit adressé accompagné de lettres, soit fait remettre à leurs gérants respectifs avec une note particulière. Ils connaissent tous la pureté et la droiture de mes démarches; les trahisons, les vexations, faire écrire, il ne sera placé qu'aujourd'hui quand le jour paraîtra. Je dis quand le jour paraîtra, car j'entends sonner trois heures au moment où je l'écris.

Troisième tableau.

Il va être placé sur le carreau au-dessus de la porte du bureau. Chacun comme moi a dû frémir de ce qu'il entendit ou apprit samedi. O mon infortunée patrie, que de calamités je vois de tous côtés prêtes à fondre sur toi!

Ce 3 avril.

La Perriade.

«Maints et maints bas valets, selon un vieux proverbe,
Aiment à répéter, à qui lève le verbe,
Qu'il est toujours prudent d'hurler avec les loups,
Et qu'il est souvent bon de rire avec les fous.
Au siècle où nous vivons, je le dis sans mystère,
Je ris des loups, des fous, même du ministère,
Et rendant à César mon innocent tribut,
Je proclame ses droits à ce double attribut.
Du plus grands des Perrier, contemplant la folie
Et bravant ses fureurs, hautement je m'écrie :
Ainsi les Polignac, Peyronnet et Mangin,
Ont conduit Charles dix à sa honteuse fin ;
O ciel! sauve le Roi de tant d'extravagance,
Et daigne avoir pitié des malheurs de la France!»

les persécutions, les injustices que j'ai éprouvées, l'oppression sous laquelle je gémis, les obstacles incessans dont je suis environné, et ni l'intérêt public, ni les devoirs de leur profession envers la publicité que j'ai constamment réclamée d'eux n'ont pu les porter à rompre le plus hideux et le plus ignominieux des silences : *le Furet* et *le Globe* exceptés.

Tant est grand sur des gens sans frein ni sans pudeur,
D'un sordide intérêt le pouvoir de la peur !
Tels que de vils crapauds se cachant sous la boue,
En étant recouverts des pieds à la bajoue,
Sur qui peut les toucher répandant leurs venins,
D'un sain esprit public ils sont les assassins.
Mais le crapaud ne vit que sur une herbe pure,
Quand sur tous leurs poisons s'établit leur pâture.
Sans âme, sans honneur, sans foi, sans sentimens,
Leur plume est toujours prête à vendre aux plus offrans.
De ces écrivassiers, qui font métier d'écrire,
D'après leurs propres traits je peux sur eux tout dire,
Sans qu'un seul puisse oser renier un seul fait
Dont la honte a gravé sur son front son cachet.
Mais livrons au mépris cette crasseuse engeance
Et laissons les croupir dans l'antre du silence.

Passons donc au troisième tableau. Le jour de Pâques, où il fut composé, ne m'ayant pas permis de le

Le lecteur ayant eu connaissance de ces trois tableaux, sera moins étonné du ton qu'il va me voir prendre envers M. le préfet et MM. les commissaires de police, auxquels je vais adresser les premiers exemplaires.

A M. le Préfet de police.

Monsieur,

Ayant eu l'honneur de vous porter vainement mes plaintes des nombreuses vexations que j'ai éprouvées de la part de vos subordonnés, et n'ayant reçu de vous ni redressement, ni même de réponse, je vous somme ici publiquement de remplir vos devoirs, de vous conformer aux lois, et de cesser de me priver, sous d'indignes tergiversations et sous de vains prétextes, de l'usage des droits qu'elle me donne.

Je vous eusse dénoncé aux lois, ainsi que nombre de MM. les commissaires de police, pour les dénis de justice que j'en ai éprouvé et dont je vous ai inutilement informé, si la formalité, de ne le pouvoir qu'après en avoir obtenu l'autorisation du conseil-d'état, ne mettait un entrave long et un obstacle presque insurmontable à tout citoyen d'obtenir le redressement des écarts de l'arbitraire; je suis donc forcé d'avoir recours à la publicité pour ouvrir les yeux des autorités supérieures sur ces hideux méfaits : ainsi ne vous en prenez qu'à vous même de ce qui pourra vous en arriver, m'égarer à quelque tort de loi, ce qui certes serait bien contre mon intention et ma volonté, ce serait à vous à qui il faudrait l'imputer, n'ayant accordé à mes plaintes et requêtes aucun redressement, et n'ayant honoré mes lettres d'aucune réponse. J'ai l'honneur, etc.

CHABANNES.

A MM. les Commissaires de Police.

Il est permis, je crois, d'hurler après les loups,
Et de rire aux dépens parfois aussi des fous...
Ma vengeance est légère après tant de dommages ;
Mais soyez désormais plus justes et plus sages.
Je requiers de nouveau, de vous, de par la loi,
Un visa sur l'écrit qu'ici je vous envoi ;
A me le refuser vous n'avez point d'excuse ;
La loi vous dit : visez ; garre à qui s'y refuse !
Un déni de justice est dans le magistrat
Aux droits des citoyens le plus grand attentat.
Cessez donc d'exercer plus long-temps l'arbitraire.
La loi veut qu'en vos mains soit mis un exemplaire
Pour parvenir par vous au procureur du Roi.
A cette mission se borne votre emploi.
En le lui transmettant, si telle est votre envie,
Dénoncez mes écrits, voilà votre partie ;
Mais quand de les juger vous eûtes le vouloir,
Vous commîtes sur moi un abus de pouvoir.

Air *de la Parisienne.*

Qui peut concevoir l'épouvante
Qu'ils ont du *Régénérateur?*
La foudre la plus foudroyante
Leur causerait moins de terreur.
De la raison c'est la présence,
De la vérité la puissance,
 Qui sur tant de sots,
 Ministres, journaux,
Députés du centre, auteurs de tous nos maux,
 Causent cette démence.   (*bis.*)

Chacun d'eux craignant la lumière,
Cherche à l'étouffer à tout prix;
Charte, lois, droits, tout est chimère,
Devant l'effroi de mes écrits.
Mais de la raison la présence,
De la vérité la puissance,
 Contre leurs transports
 Et leurs vains efforts
Auront, à la fin, les plus parfaits accords
 Avec toute la France.   (*bis.*)

On vit en tous lieux la police,
Foulant aux pieds toutes les lois,
Soit par force ou par artifice,
Mettant obstacle à tous mes droits.
De la vérité la puissance,
Et de la raison la présence,
 Partout confondront,
 L'art noir et profond
De tout directeur, soit fourbe ou furibond,
 De cette vile engeance. (*bis.*)

Je tais les noms des commissaires
Conjurés contre mes écrits,
Cette espèce de prolétaires
N'échappe que sous mon mépris.
Mais je leur déclare d'avance
Que s'ils redoublent leur offense,
 La première fois,
 Défendant mes droits,
Je réclamerai, de la rigueur des lois,
 Aussitôt la vengeance. (*bis.*)

Il faut que devant moi tout plie,

Je l'ai proclamé maintes fois,
Et le salut de la patrie
Sera dû bientôt à ma voix.
De la raison c'est la présence,
De la vérité la puissance,
    Qui vont désormais,
    Par les plus forts traits,
Briller et porter dans tous les cœurs français
    La plus ferme croyance.   (*bis.*)

Tant de fois étonné moi-même
De cette voix qui jour et nuit
M'inspira cette ardeur extrême
Qui va bientôt porter son fruit ;
En Dieu ce fut ma confiance,
De la vérité la puissance,
    Qui ne peut tarder
    Partout d'éclairer
L'esprit et le cœur, et par eux d'opérer
    Le salut de la France.   (*bis.*)

Loin de croire faire un miracle
Français à vous régénérer,

Je n'y vois pas même un obstacle,
Juillet doit vous le démontrer.
Quand le sang coulait par le crime,
Et qu'en vous tout fut magnanime,
    Qui pourrait douter
    Et me contester
Que la vérité ne puisse vous porter
    A tout élan sublime ?   (*bis.*)

Quand pour servir d'exemple au monde
Je vous ai cru prédestinés,
Sur vos qualités je me fonde,
Pourriez-vous en être étonnés ?
Je crois que sur toute la terre
Le Français, par son caractère,
    S'il est éclairé
    Et bien pénétré,
Sera le premier peuple régénéré
    De notre nouvelle ère.   (*bis.*)

Oui! rien n'est plus facile que de porter le Français à tout. Buonaparte ne l'a-t-il pas prouvé? Le Français est en même-temps le peuple le plus susceptible de tous les sentimens les plus élevés, les plus généreux. Ne venons-nous pas d'en avoir la preuve sous les yeux? Qui nous a arrêtés dans ce plus noble élan? une secte d'intrigans, de bas valets, de miopes, d'idiots. Du plus haut type de gloire où nous étions à la veille d'atteindre, ils nous ont abaissés au plus bas degré d'avilissement. Grand Dieu! Tout se soulève en moi à la vue de tout ce que je vois. L'arbitraire entrave tous mes efforts; les échos repoussent mes accens; la barrière des préjugés s'élève de tous côtés contre mes démarches. O mes aveugles et infortunés compatriotes! que ne puis-je parvenir à me faire lire de vous! Je suis bien certain que la pureté de mon cœur ne pourrait être méconnue du vôtre, et que la France entière s'enflammerait à ma voix; que tout deviendrait grand, car tout est grand dans l'homme! Depuis les temps les plus reculés, la torche de l'erreur le conduit dans les ténèbres; le flambeau de la Vérité pourrait en moins d'un demi siècle, sur toute la terre, l'en arracher; en moins de six mois tous nos maux pourraient être réparés! Ah! grand Dieu! quand j'en vois le chemin si facile, quel supplice est devenu le mien de ne pouvoir parvenir à me faire lire de vous!

Tous les écrits que j'ai publiés depuis le 7 août consistent en vingt-trois ou vingt-quatre, avec une lithographie.

Six autres, sous prétexte de chansons, renferment d'utiles et profondes réflexions.

Ces colporteurs ont tous ceux que la police ne peut trouver de prétexte pour arrêter. Ceux qu'elle a eu l'impudeur de saisir, ou dont elle retarde la circulation par le refus des commissaires de mettre leur visa, au mépris des lois et sous l'arbitraire le plus révoltant, se vendent publiquement aux deux bureaux du *Régénérateur*, en dépit de la police et de tous ses alguazils.

Le *Régénérateur* est le titre d'un ouvrage religieux, moral, historique et philosophique, et non pas un journal; il ne fut délivré par livraisons dans l'origine, que pour en multiplier plus facilement la lecture.

La souscription pour 50 livraisons est de 12 fr. 38 ont paru. Les personnes qui ne voudraient souscrire que pour les 12 qui restent à publier, et qui vont l'être successivement, en ont la facilité pour 4 francs.

IMPR. DE BELLEMAIN, RUE SAINT-DENIS, N° 268.

www.ingramcontent.com/pod-product-compliance
Lightning Source LLC
Chambersburg PA
CBHW071418060426
42450CB00009BA/1936